Norwegian Reading Comprehension Texts: Beginners - Book One

Norwegian Reading Comprehension Texts for Beginners

Mikkelsen Dubois

Published by Mikkelsen Dubois, 2023.

While every precaution has been taken in the preparation of this book, the publisher assumes no responsibility for errors or omissions, or for damages resulting from the use of the information contained herein.

NORWEGIAN READING COMPREHENSION TEXTS: BEGINNERS - BOOK ONE

First edition. May 7, 2023.

Copyright © 2023 Mikkelsen Dubois.

ISBN: 979-8223368656

Written by Mikkelsen Dubois.

Table of Contents

How to Use This Norwegian Reading Comprehension Book

Step 1: Choose the Right Text Level

The first step in doing a Norwegian reading comprehension exercise is to choose the right text level. The text should be appropriate for the learner's level and interests. For beginners, texts with simpler vocabulary and shorter sentences are ideal. For more advanced learners, more complex texts can be used. Mikkelsen Dubois offers Norwegian Reading Comprehension Texts in different levels - beginner, intermediate and advanced, as well as First Steps for new language learners. It's also important to choose a text that is interesting to the learner. This can help to keep them engaged and motivated, which is crucial for language learning success. Texts on topics like history, culture, and current events can be particularly engaging for learners. Every Mikkelsen Dubois Reading Comprehension Book contains texts on a variety of different topics.

Step 2: Read the Text

Once a suitable text has been chosen, the learner should read it carefully. They should focus on understanding the meaning of the text and how the words and phrases are used in sentences. It's also important to pay attention to the structure of the sentences and the use of grammar. When reading the text, learners should try to read as much as they can without stopping to look up words in a dictionary. This can help to improve their overall comprehension skills and develop their ability to understand the text in context.

Step 3: Analyze the Text

After reading the text, the learner should analyze it to deepen their understanding. This involves paying attention to the structure of the sentences, the use of grammar, and the context in which words are used. Learners can ask themselves questions about the text to help them analyze it more deeply.

For example, they could ask themselves:

What is the main idea of the text?

What is the purpose of the text?

What is the tone of the text?

What new words or phrases have I learned from the text?

What new grammar structures have I learned from the text?

By analyzing the text in this way, learners can develop a more comprehensive understanding of the text and improve their comprehension skills. Making a note of new vocabulary, grammar and sentence structure will help the learner in this analysis and support the learning process.

Step 4: Answer the Questions

The next step in doing a Norwegian reading comprehension exercise is to answer the questions. In every Mikkelsen Dubois Norwegian Comprehension Book, questions are provided with the text. These questions are designed to test the learner's understanding of the text and their ability to apply their knowledge of Norwegian vocabulary and grammar. Learners should answer the questions as thoroughly and accurately as possible, using their knowledge of Norwegian vocabulary and grammar.

Step 5: Check Answers

After answering the questions, the learner should check their answers. This involves reviewing their responses and ensuring that they are accurate and complete. If the learner has made mistakes, they should try to identify the areas where they need to improve their understanding. This could involve reviewing specific vocabulary or grammar structures or practicing their comprehension skills with more texts.

Step 6: Review and Practice

The final step in doing a Norwegian reading comprehension exercise is to review and practice. This involves reviewing the text and the questions and identifying areas for improvement. Learners should use the reading comprehension exercise as a learning tool to improve their comprehension skills and develop their knowledge of Norwegian vocabulary and grammar. By regularly practicing with different types of texts and using strategies like taking notes, analyzing the text, and asking questions, learners can improve their comprehension skills more quickly.

Text One

Read the following Norwegian comprehension text carefully.

Then answer the questions using the information provided in the text.

Try to answer in full sentences and pay attention to your spelling and grammar.

Once you have answered all the questions, check your answers with the suggested answers.

<u>Min første dag på skolen</u>

Jeg er en liten jente som heter Sara, og i dag er min første dag på skolen. Jeg har på meg en ny kjole og har med meg en stor ryggsekk med bøker og matpakke. Jeg er litt nervøs, men også veldig spent.

Når jeg kommer til skolen, møter jeg min nye lærer og klassekamerater. Læreren min heter Frøken Olsen, og hun virker veldig hyggelig. Klassekameratene mine er også veldig snille, og jeg gleder meg til å bli kjent med dem.

Vi begynner med å lære alfabetet og tallene. Det er litt vanskelig, men jeg prøver mitt beste. Etterpå har vi friminutt, og jeg leker med noen av klassekameratene mine.

Til slutt er det tid for å dra hjem. Jeg går ut av skolen og ser mamma som venter på meg. Jeg forteller henne om min første dag på skolen og hvor morsomt det var.

Questions

1. Hva heter jenta som historien handler om?
2. Hva har hun med seg i ryggsekken?
3. Hvem møter hun på skolen?
4. Hva lærer de på skolen?

Answers

1. Jenta heter Sara.
2. Hun har med seg bøker og matpakke.
3. Hun møter sin nye lærer og klassekamerater.
4. De lærer alfabetet og tallene.

Text Two

Read the following Norwegian comprehension text carefully.

Then answer the questions using the information provided in the text.

Try to answer in full sentences and pay attention to your spelling and grammar.

Once you have answered all the questions, check your answers with the suggested answers.

<u>Min familie og jeg</u>

Jeg heter Petter og jeg bor sammen med min familie. Jeg har en mor, en far og en lillesøster som heter Lise. Vi bor i en leilighet i byen, og vi har det veldig hyggelig sammen.

Min far jobber på kontor, og min mor jobber på sykehuset som sykepleier. Lise går på barnehage og liker å leke med dukker og bamser.

På fritiden liker vi å gjøre ting sammen som familie. Vi går på tur i skogen, spiller spill og ser på film. Jeg liker også å spille fotball, og min far og jeg går ofte og ser på fotballkamper sammen.

Jeg er veldig glad i min familie, og jeg vet at de alltid vil være der for meg.

Questions

1. Hva heter hovedpersonen i historien?
2. Hvem bor han sammen med?
3. Hva jobber hans far og mor med?
4. Hva liker Lise å leke med?

Answers

1. Hovedpersonen heter Petter.
2. Han bor sammen med sin mor, far og lillesøster Lise.
3. Hans far jobber på kontor og hans mor jobber som sykepleier på sykehuset.
4. Lise liker å leke med dukker og bamser.

Text Three

Read the following Norwegian comprehension text carefully.

Then answer the questions using the information provided in the text.

Try to answer in full sentences and pay attention to your spelling and grammar.

Once you have answered all the questions, check your answers with the suggested answers.

<u>Min beste venn</u>

Jeg vil fortelle om min beste venn, Mari. Mari og jeg har kjent hverandre siden vi var små. Vi bor i samme nabolag og går på samme skole.

Mari er veldig morsom og snill. Hun liker å lese bøker og spille gitar. Vi liker å være sammen og gjøre ting som å gå på kino, spille spill og bake kaker. Vi har til og med startet vår egen klubb hvor vi leser bøker sammen og snakker om dem.

Jeg er veldig glad for å ha Mari som min beste venn, og jeg håper vi alltid vil være venner.

Questions

1. Hvor lenge har Mari og hovedpersonen kjent hverandre?
2. Hva liker Mari å gjøre?
3. Hva liker Mari og hovedpersonen å gjøre sammen?

Answers

1. Mari og hovedpersonen har kjent hverandre siden de var små.
2. Mari liker å lese bøker og spille gitar.
3. Mari og hovedpersonen liker å gå på kino, spille spill og bake kaker sammen.

Text Four

—————

Read the following Norwegian comprehension text carefully.

Then answer the questions using the information provided in the text.

Try to answer in full sentences and pay attention to your spelling and grammar.

Once you have answered all the questions, check your answers with the suggested answers.

<u>En dag på stranden</u>

I dag er en solfylt dag, så jeg og familien min bestemte oss for å dra på stranden. Vi tok med oss parasoller, solkrem og en piknikkurv.

På stranden bygget vi sandslott, spilte volleyball og gikk på tur langs vannet. Vi svømte også i vannet og hadde det veldig gøy.

Etter en stund ble vi sultne, så vi spiste lunsj fra piknikkurven vår. Vi hadde med oss brødskiver, frukt og juice. Det var veldig deilig å spise på stranden mens vi så på bølgene.

På ettermiddagen gikk vi på en båttur langs kysten og så på alle de vakre husene. Det var så mange fine farger og arkitektur. Til slutt endte vi dagen med å se på solnedgangen mens vi spiste iskrem.

Det var en perfekt dag på stranden, og jeg gleder meg allerede til neste gang vi drar dit.

Questions

1. Hva gjorde hovedpersonen og familien på stranden?
2. Hva hadde de med seg til stranden?
3. Hva spiste de til lunsj?
4. Hva gjorde de på ettermiddagen?
5. Hvordan endte de dagen på stranden?

Answers

1. Hovedpersonen og familien bygget sandslott, spilte volleyball, gikk på tur langs vannet og svømte.
2. De hadde med seg parasoller, solkrem og en piknikkurv.
3. De spiste brødskiver, frukt og juice til lunsj.
4. På ettermiddagen gikk de på en båttur langs kysten og så på husene.
5. De endte dagen med å se på solnedgangen mens de spiste iskrem.

Text Five

Read the following Norwegian comprehension text carefully.

Then answer the questions using the information provided in the text.

Try to answer in full sentences and pay attention to your spelling and grammar.

Once you have answered all the questions, check your answers with the suggested answers.

<u>Bunaden - Norges nasjonaldrakt</u>

Bunaden er Norges nasjonaldrakt og har en lang historie. Det finnes mange forskjellige typer bunader, og hver region i Norge har sin egen spesielle design og farger.

Bunaden brukes ofte til spesielle anledninger som nasjonaldager, bryluper og konfirmasjoner. De er ofte laget av dyre materialer som silke, lin og ull, og er ofte dekorert med broderier og perler.

Mange familier har sin egen bunad som de går i arv fra generasjon til generasjon.

Questions

1. Hva er bunaden?
2. Når brukes bunaden?
3. Hva er noen vanlige materialer som brukes til å lage bunader?

Answers

1. Bunaden er Norges nasjonaldrakt.
2. Bunaden brukes ofte til spesielle anledninger som nasjonaldager, brylluper og konfirmasjoner.
3. Vanlige materialer som brukes til å lage bunader er silke, lin og ull.

Text Six

Read the following Norwegian comprehension text carefully.

Then answer the questions using the information provided in the text.

Try to answer in full sentences and pay attention to your spelling and grammar.

Once you have answered all the questions, check your answers with the suggested answers.

<u>Vinmonopolet - hva er det?</u>

Vinmonopolet er en norsk statlig virksomhet som har monopol på salg av alkoholholdige drikkevarer som har en alkoholprosent på over 4,7%. Vinmonopolet selger vin, øl og brennevin, og har som mål å begrense skader og uønsket atferd som følge av alkoholmisbruk.

Vinmonopolet har over 300 butikker over hele landet og selger også alkoholholdige drikkevarer på nett. For å handle på Vinmonopolet må man være over 18 år og ha legitimasjon.

Questions

1. Hva er Vinmonopolet?
2. Hva slags alkoholholdige drikkevarer selger Vinmonopolet?
3. Hva er målet til Vinmonopolet?
4. Hvor mange butikker har Vinmonopolet?

Answers

1. Vinmonopolet er en norsk statlig virksomhet som har monopol på salg av alkoholholdige drikkevarer med en alkoholprosent over 4,7%.
2. Vinmonopolet selger vin, øl og brennevin.
3. Målet til Vinmonopolet er å begrense skader og uønsket atferd som følge av alkoholmisbruk.
4. Vinmonopolet har over 300 butikker over hele landet.

Text Seven

———

Read the following Norwegian comprehension text carefully.

Then answer the questions using the information provided in the text.

Try to answer in full sentences and pay attention to your spelling and grammar.

Once you have answered all the questions, check your answers with the suggested answers.

<u>Norske dyr</u>

Norge har et rikt dyreliv med mange arter som trives i de ulike landskapene. Blant de mest kjente dyrene i Norge er elgen, som er det største pattedyret i landet. Andre store pattedyr inkluderer rein og hjort.

Norge er også kjent for sine ville fjorder, og havdyr som hval og sel kan ofte bli observert langs kysten. Det finnes også flere rovdyr i Norge, som ulv, bjørn og gaupe, selv om de ofte holder seg unna menneskelig aktivitet.

I Norge er det også mange små dyr, som ekorn, hare og rev, som ofte kan bli observert i naturen. Fuglelivet i Norge er også rikt, og mange fuglearter finner sitt hjem i de ulike landskapene rundt om i landet.

Questions

1. Hva er det største pattedyret i Norge?
2. Nevn noen andre store pattedyr som finnes i Norge.
3. Hvilke havdyr kan bli observert langs kysten av Norge?
4. Hvilke rovdyr finnes i Norge?
5. Hva slags små dyr kan man se i naturen i Norge?

Answers

1. Det største pattedyret i Norge er elgen.
2. Andre store pattedyr i Norge inkluderer rein og hjort.
3. Havdyr som hval og sel kan ofte bli observert langs kysten av Norge.
4. Rovdyr som ulv, bjørn og gaupe finnes i Norge.
5. Ekorn, hare og rev er noen av de små dyrene som kan bli observert i naturen i Norge.

Text Eight

Read the following Norwegian comprehension text carefully.

Then answer the questions using the information provided in the text.

Try to answer in full sentences and pay attention to your spelling and grammar.

Once you have answered all the questions, check your answers with the suggested answers.

<u>På kino</u>

I går kveld dro jeg på kino med vennene mine. Vi så på en ny actionfilm som nettopp hadde kommet ut på kino.

Filmen handlet om en agent som måtte redde verden fra en farlig skurk. Det var mye spenning, action og humor i filmen, og vi koste oss veldig mye.

Vi kjøpte popcorn og brus før filmen begynte og satt på de beste setene i salen. Vi lo, skrek og heiet gjennom hele filmen.

Etter filmen gikk vi ut og pratet om hvor bra den var. Vi diskuterte favorittscenene våre og planla allerede neste gang vi skulle dra på kino sammen.

Det var en kjempefin kveld, og jeg gleder meg allerede til neste gang jeg skal på kino med vennene mine.

Questions

1. Hva gjorde hovedpersonen i går kveld?
2. Hvilken type film så de på kino?
3. Hva handlet filmen om?

Answers

1. Hovedpersonen dro på kino med vennene sine.
2. De så på en ny actionfilm.
3. Filmen handlet om en agent som måtte redde verden fra en farlig skurk.

Text Nine

————

Read the following Norwegian comprehension text carefully.

Then answer the questions using the information provided in the text.

Try to answer in full sentences and pay attention to your spelling and grammar.

Once you have answered all the questions, check your answers with the suggested answers.

<u>Oslo - Norges hovedstad</u>

Oslo er hovedstaden i Norge og en livlig by full av kultur og historie. Byen ligger ved Oslofjorden og omgis av fjell og skoger.

En av Oslos mest populære attraksjoner er Vigelandsparken, som er en stor skulpturpark med over 200 skulpturer laget av Gustav Vigeland. I tillegg kan man besøke Operaen i Oslo, som er et moderne bygg ved havneområdet.

Questions

1. Hva er Oslo?
2. Hvor ligger Oslo?
3. Hva er Vigelandsparken?
4. Hva er Operaen i Oslo?

Answers

1. Oslo er hovedstaden i Norge.
2. Oslo ligger ved Oslofjorden og omgis av fjell og skoger.
3. Vigelandsparken er en stor skulpturpark med over 200 skulpturer laget av Gustav Vigeland.
4. Operaen i Oslo er et moderne bygg ved havneområdet.

Text Ten

Read the following Norwegian comprehension text carefully.

Then answer the questions using the information provided in the text.

Try to answer in full sentences and pay attention to your spelling and grammar.

Once you have answered all the questions, check your answers with the suggested answers.

<u>Fornybar energi i Norge</u>

Norge har stor tilgang på fornybar energi, spesielt vannkraft. Vannkraft står for over 95% av all elektrisitetsproduksjon i landet. I tillegg til vannkraft, investerer Norge også i andre former for fornybar energi som vind- og solkraft.

Fornybar energi er en viktig del av Norges klimapolitikk, og landet har som mål å bli karbonnøytralt innen 2030.

Questions

1. Hva er den største kilden til fornybar energi i Norge?
2. Hva er Norges mål når det gjelder karbonnøytralitet?
3. Hvilke andre former for fornybar energi investerer Norge i?

Answers

1. Vannkraft står for over 95% av all elektrisitetsproduksjon i Norge.
2. Norges mål er å bli karbonnøytralt innen 2030.
3. Norge investerer også i andre former for fornybar energi som vind- og solkraft.

Text Eleven

Read the following Norwegian comprehension text carefully.

Then answer the questions using the information provided in the text.

Try to answer in full sentences and pay attention to your spelling and grammar.

Once you have answered all the questions, check your answers with the suggested answers.

<u>På sykkeltur</u>

I dag bestemte jeg meg for å ta en sykkeltur rundt i byen. Jeg pakket en ryggsekk med litt mat og vann og syklet ut av garasjen min.

Jeg syklet langs elva og så på alle de vakre trærne og blomstene. Jeg stoppet for å ta noen bilder av utsikten og spiste litt mat ved en liten innsjø.

Deretter syklet jeg til byparken og så på folk som spilte frisbee og hadde piknik. Jeg stoppet for å lese en bok i skyggen av et tre før jeg syklet videre.

Til slutt syklet jeg tilbake til garasjen min og var veldig sliten, men også veldig glad for turen min. Det var en flott dag å sykle, og jeg gleder meg allerede til neste gang jeg kan dra ut på en tur igjen.

Questions

1. Hva gjorde hovedpersonen i dag?
2. Hva pakket han med seg?
3. Hvor syklet han?
4. Hva gjorde han ved innsjøen?

Answers

1. Hovedpersonen tok en sykkeltur rundt i byen.
2. Han pakket en ryggsekk med litt mat og vann.
3. Han syklet langs elva og så på alle de vakre trærne og blomstene.
4. Han stoppet for å ta noen bilder av utsikten og spiste litt mat ved en liten innsjø.

Text Twelve

Read the following Norwegian comprehension text carefully.

Then answer the questions using the information provided in the text.

Try to answer in full sentences and pay attention to your spelling and grammar.

Once you have answered all the questions, check your answers with the suggested answers.

<u>Edvard Munch - en norsk kunstner</u>

Edvard Munch var en berømt norsk maler og grafiker som levde fra 1863 til 1944. Han er mest kjent for maleriet "Skrik", som er et av verdens mest kjente kunstverk. Munchs kunststil var preget av hans indre følelser og erfaringer, og hans verk er ofte beskrevet som ekspressive og symbolske.

Munchs kunst har blitt utstilt over hele verden, og han har blitt anerkjent som en av de mest betydningsfulle kunstnerne i modernismen. I Norge kan man besøke Munchmuseet i Oslo, som har en stor samling av Munchs verk.

Questions

1. Hvem var Edvard Munch?
2. Hva er Munch mest kjent for?
3. Hvor har Munchs kunst blitt utstilt?
4. Hvor kan man besøke Munchmuseet?

Answers

1. Edvard Munch var en norsk maler og grafiker.
2. Munch er mest kjent for maleriet "Skrik".
3. Munchs kunst har blitt utstilt over hele verden.
4. Munchmuseet kan besøkes i Oslo.

Text Thirteen

———

Read the following Norwegian comprehension text carefully.

Then answer the questions using the information provided in the text.

Try to answer in full sentences and pay attention to your spelling and grammar.

Once you have answered all the questions, check your answers with the suggested answers.

<u>Akershus festning</u>

Akershus festning ligger i Oslo sentrum og er en av Norges mest kjente festninger. Den ble bygget på 1200-tallet og har gjennom århundrene blitt brukt som forsvarsanlegg, kongelig residens, fengsel og museum.

I dag er Akershus festning et populært turistmål og et symbol på norsk historie og kultur. Her kan du gå på omvisning, besøke museet og nyte den flotte utsikten over Oslofjorden.

Festningen er også en viktig del av norsk kulturhistorie og er ofte brukt som en seremoniell plass for kongelige og offisielle hendelser.

Questions

1. Hvor ligger Akershus festning?
2. Når ble festningen bygget?
3. Hva har Akershus festning blitt brukt til gjennom århundrene?
4. Hva kan du gjøre på Akershus festning i dag?

Answers

1. Akershus festning ligger i Oslo sentrum.
2. Festningen ble bygget på 1200-tallet.
3. Akershus festning har blitt brukt som forsvarsanlegg, kongelig residens, fengsel og museum.
4. Du kan gå på omvisning, besøke museet og nyte utsikten over Oslofjorden.

Text Fourteen

Read the following Norwegian comprehension text carefully.

Then answer the questions using the information provided in the text.

Try to answer in full sentences and pay attention to your spelling and grammar.

Once you have answered all the questions, check your answers with the suggested answers.

<u>Høsten i Norge - fargerik og koselig</u>

Høsten i Norge er en veldig fin tid på året. Bladene på trærne skifter farge til rødt, oransje og gult, og det er en fin tid å gå på tur i skogen og nyte den vakre naturen. Mange folk liker også å plukke sopp og bær om høsten, og det er også sesong for å smake på norske epler og pærer.

På kveldene blir det mørkere tidligere, så mange mennesker koser seg innendørs med en varm kopp kakao eller te. Det er også vanlig å tenne stearinlys og kanskje tenne en peis for å skape en koselig atmosfære.

Questions

1. Hva skjer med bladene på trærne om høsten i Norge?
2. Hva liker mange å gjøre om høsten i Norge?
3. Hva er vanlig å gjøre for å skape en koselig atmosfære om høsten i
    Norge?

Answers

1. Bladene på trærne skifter farge til rødt, oransje og gult.
2. Mange liker å plukke sopp og bær om høsten i Norge.
3. Det er vanlig å tenne stearinlys og kanskje tenne en peis for å skape en
    koselig atmosfære om høsten i Norge.

Text Fifteen

Read the following Norwegian comprehension text carefully.

Then answer the questions using the information provided in the text.

Try to answer in full sentences and pay attention to your spelling and grammar.

Once you have answered all the questions, check your answers with the suggested answers.

<u>På markedet</u>

I dag dro jeg til markedet for å handle noen friske grønnsaker og frukt. Det var mange forskjellige boder og stander der, og jeg var veldig spent på å se hva de hadde å tilby.

Jeg kjøpte noen gulrøtter, tomater og epler fra en bonde som hadde en veldig fin og fargerik stand. Deretter kjøpte jeg noen søte jordbær og en melon fra en annen stand.

Jeg var veldig glad for å støtte de lokale bøndene og kjøpe friske og sunne produkter.

På markedet var det også noen boder som solgte håndlagde smykker og klær, og jeg kjøpte en fin armbånd og en ny skjorte til meg selv.

Det var en veldig hyggelig opplevelse å besøke markedet, og jeg planlegger allerede å dra tilbake igjen neste uke.

Questions

1. Hvor dro hovedpersonen i dag?
2. Hva kjøpte hovedpersonen fra bonden?
3. Hva solgte noen av bodene på markedet?
4. Hva kjøpte hovedpersonen til seg selv?
5. Vil hovedpersonen dra tilbake til markedet igjen neste uke?

Answers

1. Hovedpersonen dro til markedet.
2. Hovedpersonen kjøpte noen gulrøtter, tomater og epler fra bonden.
3. Noen av bodene solgte håndlagde smykker og klær.
4. Hovedpersonen kjøpte en fin armbånd og en ny skjorte til seg selv.
5. Ja, hovedpersonen planlegger å dra tilbake til markedet igjen neste uke.

Text Sixteen

Read the following Norwegian comprehension text carefully.

Then answer the questions using the information provided in the text.

Try to answer in full sentences and pay attention to your spelling and grammar.

Once you have answered all the questions, check your answers with the suggested answers.

<u>Fjorder i Norge</u>

Norge er kjent for sine vakre fjorder. Fjorder er dype og lange innsjøer som ligger mellom bratte fjell. De ble skapt av isbreer som beveget seg over landet for tusenvis av år siden.

Den mest kjente fjorden i Norge er kanskje Geirangerfjorden. Den er omgitt av høye fjell og vannet er så klart at du kan se bunnen på de dypeste stedene. Det er også mulig å ta båtturer gjennom fjorden og se på den vakre naturen.

En annen kjent fjord er Sognefjorden, som er den lengste og dypeste fjorden i Norge. Den har også en vakker natur og er et populært reisemål for turister.

Det er mange andre fjorder i Norge, og de er alle unike på sin egen måte. Å besøke en fjord er en fantastisk opplevelse og en flott måte å se den vakre naturen i Norge.

Questions

1. Hva er en fjord?
2. Hvordan ble fjorder skapt?
3. Hvilken fjord er den mest kjente i Norge?
4. Hva kan du gjøre i Geirangerfjorden?
5. Hvilken fjord er den lengste og dypeste i Norge?

Answers

1. En fjord er en dyp og lang innsjø som ligger mellom bratte fjell.
2. Fjorder ble skapt av isbreer som beveget seg over landet for tusenvis av år siden.
3. Geirangerfjorden er den mest kjente fjorden i Norge.
4. Det er mulig å ta båtturer gjennom fjorden og se på den vakre naturen.
5. Sognefjorden er den lengste og dypeste fjorden i Norge.

Text Seventeen

Read the following Norwegian comprehension text carefully.

Then answer the questions using the information provided in the text.

Try to answer in full sentences and pay attention to your spelling and grammar.

Once you have answered all the questions, check your answers with the suggested answers.

<u>Påskekrim i Norge</u>

Påskekrim er en populær tradisjon i Norge. Det betyr å lese eller se på kriminelle historier i påsken. Påskekrimmen startet på 1920-tallet, da en forlegger bestemte seg for å selge flere bøker ved å annonsere at en populær forfatter hadde blitt arrestert. Siden den gang har påskekrim blitt en fast tradisjon i Norge.

Mange påskekrimhistorier tar sted i vakre fjellområder eller små landsbyer. Det kan være en mordmysterie eller en annen form for kriminalitet som må løses av hovedpersonene i historien.

Noen populære påskekrimforfattere i Norge inkluderer Jo Nesbø, Agatha Christie, og Karin Fossum. Det er også mange TV-serier og filmer som er laget spesielt for påsken.

Påskekrim er en morsom og spennende måte å tilbringe påsken på i Norge.

Questions

1. Hva er påskekrim?
2. Når startet påskekrimtradisjonen i Norge?
3. Hvor tar mange påskekrimhistorier sted?
4. Hva slags kriminalitet kan være en del av påskekrimhistorier?
5. Hvem er noen populære påskekrimforfattere i Norge?

Answers

1. Påskekrim er å lese eller se på kriminelle historier i påsken.
2. Påskekrimtradisjonen startet på 1920-tallet i Norge.
3. Mange påskekrimhistorier tar sted i vakre fjellområder eller små landsbyer.
4. Det kan være en mordmysterie eller en annen form for kriminalitet som må løses av hovedpersonene i historien.
5. Noen populære påskekrimforfattere i Norge inkluderer Jo Nesbø, Agatha Christie, og Karin Fossum.

Text Eighteen

Read the following Norwegian comprehension text carefully.

Then answer the questions using the information provided in the text.

Try to answer in full sentences and pay attention to your spelling and grammar.

Once you have answered all the questions, check your answers with the suggested answers.

<u>Norsk brød - en viktig del av kostholdet</u>

Brød er en viktig del av kostholdet i Norge, og det finnes mange forskjellige typer brød å velge mellom. Noen populære typer inkluderer rugbrød, grovbrød, og rundstykker.

Rugbrød er en mørk og seig type brød som er laget av rugmel. Det er vanlig å spise det med pålegg som ost, egg, eller leverpostei. Grovbrød er laget av en blanding av meltyper, og er ofte litt grovere og mer smakfull enn vanlig hvitt brød. Rundstykker er små brød som er perfekte til frokost eller som en liten snack.

Questions

1. Hvilke typer brød er populære i Norge?
2. Hva er rugbrød, og hva spiser man det med?
3. Hva er grovbrød, og hvordan er det forskjellig fra vanlig hvitt brød?
4. Hva er rundstykker, og når spiser man dem?

Answers

1. Populære typer brød i Norge inkluderer rugbrød, grovbrød, og rundstykker.
2. Rugbrød er en mørk og seig type brød som er laget av rugmel. Det er vanlig å spise det med pålegg som ost, egg, eller leverpostei.
3. Grovbrød er laget av en blanding av meltyper, og er ofte litt grovere og mer smakfull enn vanlig hvitt brød.
4. Rundstykker er små brød som er perfekte til frokost eller som en liten snack.

Text Nineteen

———

Read the following Norwegian comprehension text carefully.

Then answer the questions using the information provided in the text.

Try to answer in full sentences and pay attention to your spelling and grammar.

Once you have answered all the questions, check your answers with the suggested answers.

<u>Det norske alfabetet</u>

Det norske alfabetet består av 29 bokstaver. Det er det samme som i det engelske alfabetet, bortsett fra at det mangler bokstavene c, q, w, x, og z. I stedet har det norske alfabetet bokstaven æ, ø, og å.

Æ, ø, og å er unike for det norske alfabetet, og er også noen av de mest brukte bokstavene i det norske språket. Æ og ø har liknende uttale, og er begge vokaler med en spesiell karakteristikk som kan være vanskelig å uttale for de som ikke er vant til det norske språket.

Når man lærer det norske alfabetet, er det vanlig å lære bokstavene i rekkefølge og øve på å uttale dem riktig. Etter hvert som man blir mer komfortabel med alfabetet, kan man begynne å lære om hvordan bokstavene kombineres for å danne ord.

Questions

1. Hvor mange bokstaver er det i det norske alfabetet?
2. Hvordan skiller det norske alfabetet seg fra det engelske alfabetet?
3. Hvilke bokstaver er unike for det norske alfabetet?

Answers

1. Det norske alfabetet består av 29 bokstaver.
2. Det norske alfabetet mangler bokstavene c, q, w, x, og z, men har i stedet bokstavene æ, ø, og å.
3. De unike bokstavene i det norske alfabetet er æ, ø, og å.

Text Twenty

Read the following Norwegian comprehension text carefully.

Then answer the questions using the information provided in the text.

Try to answer in full sentences and pay attention to your spelling and grammar.

Once you have answered all the questions, check your answers with the suggested answers.

<u>Julefeiring i Norge</u>

Julen er en av de mest populære høytidene i Norge. Feiringen begynner vanligvis med advent, og det er vanlig å ha en julekalender som teller ned til julaften.

På julaften samles familien og spiser tradisjonell norsk julemat som ribbe, pinnekjøtt eller lutefisk. Etter middagen åpner man julegaver og lytter til julemusikk.

På juledagen går mange på kirke, og det er vanlig å besøke venner og familie. I noen deler av landet er det også vanlig med juletregang, hvor man går fra hus til hus og synger julesanger.

Questions

1. Når begynner julefeiringen i Norge?
2. Hva slags mat spiser man på julaften?
3. Hva gjør man etter middagen på julaften?
4. Hva gjør man på juledagen?
5. Hva er juletregang?

Answers

1. Julefeiringen i Norge begynner vanligvis med advent.
2. Tradisjonell norsk julemat på julaften inkluderer ribbe, pinnekjøtt eller lutefisk.
3. Etter middagen på julaften åpner man julegaver og lytter til julemusikk.
4. På juledagen går mange på kirke og besøker venner og familie.
5. Juletregang er når man går fra hus til hus og synger julesanger.

Text Twenty One

———

Read the following Norwegian comprehension text carefully.

Then answer the questions using the information provided in the text.

Try to answer in full sentences and pay attention to your spelling and grammar.

Once you have answered all the questions, check your answers with the suggested answers.

<u>Bergen - en kort introduksjon</u>

Bergen er en av de største byene i Norge og ligger på vestkysten av landet. Byen er kjent for sin pittoreske havn, vakre fjellutsikt og brosteinsbelagte gater. Bergen er også kjent som "porten til fjordene" og er et populært turistmål på grunn av sin nærhet til fjorder som Sognefjorden og Hardangerfjorden.

Byen har også en rik kulturhistorie og er hjemsted for flere museer og gallerier, inkludert Bergen Kunstmuseum og Bryggens Museum. Byen har også en livlig musikkscene, spesielt innenfor sjangeren elektronisk musikk.

Questions

1. Hvor ligger Bergen?
2. Hva er Bergen kjent for?
3. Hvorfor er Bergen et populært turistmål?
4. Hva slags museer og gallerier finner man i Bergen?

Answers

1. Bergen ligger på vestkysten av Norge.
2. Bergen er kjent for sin pittoreske havn, vakre fjellutsikt og brosteinsbelagte gater.
3. Bergen er et populært turistmål på grunn av sin nærhet til fjorder som Sognefjorden og Hardangerfjorden.
4. Bergen har flere museer og gallerier, inkludert Bergen Kunstmuseum og Bryggens Museum.

Text Twenty Two

Read the following Norwegian comprehension text carefully.

Then answer the questions using the information provided in the text.

Try to answer in full sentences and pay attention to your spelling and grammar.

Once you have answered all the questions, check your answers with the suggested answers.

<u>Bokmål</u>

Bokmål er en av de to offisielle skriftspråkene i Norge, sammen med nynorsk. Bokmål brukes av omtrent 85% av befolkningen, spesielt i de større byene i Sør-Norge.

Bokmål stammer fra dansk, og er en videreutvikling av det som ble brukt i Norge før 1814. Språket er nå basert på norsk, men med en del danske og tyske lånord.

Bokmål har en rekke grammatikkregler som kan være vanskelige å lære, spesielt for de som ikke har norsk som morsmål. En av de største forskjellene mellom bokmål og nynorsk er at bokmål har en del flere lånord fra andre språk, spesielt fra engelsk.

Questions

1. Hva er Bokmål?
2. Hvor mange prosent av befolkningen i Norge bruker Bokmål?
3. Hvor stammer Bokmål fra?
4. Hva er en av de største forskjellene mellom Bokmål og nynorsk?

Answers

1. Bokmål er en av de to offisielle skriftspråkene i Norge.
2. Omtrent 85% av befolkningen i Norge bruker Bokmål.
3. Bokmål stammer fra dansk, og er en videreutvikling av det som ble brukt i Norge før 1814.
4. En av de største forskjellene mellom Bokmål og nynorsk er at Bokmål har en del flere lånord fra andre språk, spesielt fra engelsk.

Text Twenty Three

Read the following Norwegian comprehension text carefully.

Then answer the questions using the information provided in the text.

Try to answer in full sentences and pay attention to your spelling and grammar.

Once you have answered all the questions, check your answers with the suggested answers.

<u>Den norske monarkiet</u>

Norge har hatt en monark siden 872, og den nåværende monarken er kong Harald V. Kongen har en symbolsk rolle i samfunnet og har ingen politisk makt.

Kongefamilien er populær blant nordmenn og blir ofte omtalt som "folkekjære". Kongen og dronningen er begge godt likt for sin vennlige og tilgjengelige holdning overfor folket.

Kongefamilien bor i Slottet i Oslo, men de har også en rekke andre residenser rundt om i landet. De deltar i en rekke offisielle arrangementer, inkludert statsbesøk og kulturelle hendelser.

Questions

1. Hvor lenge har Norge hatt en monark?
2. Hvem er den nåværende monarken i Norge?
3. Har kongen politisk makt i Norge?
4. Hvor bor kongefamilien i Norge?
5. Hva slags offisielle arrangementer deltar kongefamilien i?

Answers

1. Norge har hatt en monark siden 872.
2. Den nåværende monarken i Norge er kong Harald V.
3. Nei, kongen har ingen politisk makt i Norge.
4. Kongefamilien bor i Slottet i Oslo.
5. Kongefamilien deltar i en rekke offisielle arrangementer, inkludert statsbesøk og kulturelle hendelser.

Text Twenty Four

Read the following Norwegian comprehension text carefully.

Then answer the questions using the information provided in the text.

Try to answer in full sentences and pay attention to your spelling and grammar.

Once you have answered all the questions, check your answers with the suggested answers.

<u>Hanseforbundet - en kort historie</u>

Hanseforbundet var en handelsorganisasjon som ble dannet på 1100-tallet og hadde stor innflytelse i Nord-Europa i flere hundre år. Organisasjonen bestod av handelsmenn fra flere land, inkludert Tyskland, Nederland, Danmark og Norge.

Bryggen i Bergen var et viktig handelssenter for Hanseforbundet i Norge. Handelsmennene solgte varer som fisk, korn og trelast, og de importerte varer som krydder og tekstiler.

Hanseforbundet hadde også politisk makt, og de styrte flere byer i Nord-Europa. I Norge hadde de kontroll over Bergen i flere hundre år.

Questions

1. Hva var Hanseforbundet?
2. Hvilke land var med i Hanseforbundet?
3. Hva solgte handelsmennene fra Hanseforbundet på Bryggen i Bergen?
4. Hvilken politisk makt hadde Hanseforbundet?
5. Hvilken norsk by hadde Hanseforbundet kontroll over?

Answers

1. Hanseforbundet var en handelsorganisasjon som hadde stor innflytelse i Nord-Europa i flere hundre år.
2. Handelsmenn fra flere land var med i Hanseforbundet, inkludert Tyskland, Nederland, Danmark og Norge.
3. Handelsmennene solgte varer som fisk, korn og trelast, og de importerte varer som krydder og tekstiler.
4. Hanseforbundet hadde også politisk makt, og de styrte flere byer i Nord-Europa.
5. Hanseforbundet hadde kontroll over Bergen i flere hundre år.

Text Twenty Five

———

Read the following Norwegian comprehension text carefully.

Then answer the questions using the information provided in the text.

Try to answer in full sentences and pay attention to your spelling and grammar.

Once you have answered all the questions, check your answers with the suggested answers.

<u>17. mai - Norges nasjonaldag</u>

17. mai er Norges nasjonaldag, og feires hvert år den 17. mai. Dagen markerer at Norge fikk sin egen grunnlov og ble en selvstendig nasjon i 1814.

På 17. mai går folk i tog og synger nasjonalsangen. Mange kler seg i bunad, den tradisjonelle norske klesdrakten. Det er også vanlig å spise is og pølser, og å ha piknik i parken med familie og venner.

I Oslo feirer kongefamilien dagen ved å hilse på folket fra Slottsbalkongen. Det er også vanlig med taler og underholdning rundt omkring i landet.

Questions

1. Hva feirer man på 17. mai?
2. Hva markerer dagen for Norge?
3. Hva gjør folk på 17. mai?
4. Hva er en bunad?
5. Hvordan feirer kongefamilien 17. mai?

Answers

1. På 17. mai feirer man Norges nasjonaldag.
2. Dagen markerer at Norge fikk sin egen grunnlov og ble en selvstendig nasjon i 1814.
3. Folk går i tog, synger nasjonalsangen, spiser is og pølser og har piknik i parken med familie og venner.
4. En bunad er den tradisjonelle norske klesdrakten.
5. Kongefamilien feirer 17. mai ved å hilse på folket fra Slottsbalkongen.

Text Twenty Six

Read the following Norwegian comprehension text carefully.

Then answer the questions using the information provided in the text.

Try to answer in full sentences and pay attention to your spelling and grammar.

Once you have answered all the questions, check your answers with the suggested answers.

<u>Været i dag</u>

I dag er det en solrik dag med noen skyer på himmelen. Temperaturen er rundt 18 grader Celsius, så det er ganske varmt, men det kan fortsatt være litt kjøligere i skyggen. Det er også en liten bris som gjør at det føles litt kjøligere.

Hvis du skal være ute i dag, anbefales det å ha på deg solkrem og en lett jakke eller genser i tilfelle temperaturen går ned. Det er ingen nedbør i dag, så det er en perfekt dag for å være utendørs og nyte solen.

Questions

1. Hvordan er været i dag?
2. Hvor mange grader er det i dag?
3. Er det vind i dag?
4. Hva anbefales det å ha på seg hvis du skal være ute i dag?
5. Er det nedbør i dag?

Answers

1. Det er en solrik dag med noen skyer på himmelen.
2. Temperaturen er rundt 18 grader Celsius.
3. Ja, det er en liten bris i dag.
4. Det anbefales å ha på seg solkrem og en lett jakke eller genser i tilfelle temperaturen går ned.
5. Nei, det er ingen nedbør i dag.

Text Twenty Seven

Read the following Norwegian comprehension text carefully.

Then answer the questions using the information provided in the text.

Try to answer in full sentences and pay attention to your spelling and grammar.

Once you have answered all the questions, check your answers with the suggested answers.

<u>Fotball - den mest populære idretten i Norge</u>

Fotball er den mest populære idretten i Norge og spilles av mennesker i alle aldre og nivåer. Det finnes mange fotballklubber rundt om i landet, både på amatør- og profesjonelt nivå.

Den norske fotballsesongen går fra mars til november, og den høyeste ligaen heter Eliteserien. Det er også en rekke andre ligaer og turneringer som spilles i løpet av sesongen.

Norge har også sitt eget landslag, som konkurrerer internasjonalt og har deltatt i flere VM og EM.

Questions

1. Hva er den mest populære idretten i Norge?
2. Hvilken liga er den høyeste i norsk fotball?
3. Når går den norske fotballsesongen?

Answers

1. Fotball er den mest populære idretten i Norge.
2. Eliteserien er den høyeste ligaen i norsk fotball.
3. Den norske fotballsesongen går fra mars til november.

Text Twenty Eight

———

Read the following Norwegian comprehension text carefully.

Then answer the questions using the information provided in the text.

Try to answer in full sentences and pay attention to your spelling and grammar.

Once you have answered all the questions, check your answers with the suggested answers.

<u>Lefse - en norsk favorittmat</u>

Lefse er en tynn, myk flatbrød laget av poteter, mel og smør. Den er en av de eldste tradisjonelle matrettene i Norge og blir ofte spist som en del av julematen eller som et enkelt måltid med smør og sukker.

Lefse kan spises både varm og kald og kan fylles med en rekke forskjellige ingredienser, inkludert røkt laks, brunost, eller kjøttboller. Den kan også bakes med kanel og sukker for en søtere smak.

Mange nordmenn har gode minner knyttet til lefse, som å hjelpe til med å bake den med bestemor eller å spise den på juleaften. Lefse er en viktig del av norsk kultur og matarv.

Questions

1. Hva er lefse laget av?
2. Når blir lefse ofte spist i Norge?
3. Kan lefse fylles med forskjellige ingredienser?
4. Hva er lefse en viktig del av?

Answers

1. Lefse er laget av poteter, mel og smør.
2. Lefse blir ofte spist som en del av julematen i Norge.
3. Ja, lefse kan fylles med en rekke forskjellige ingredienser, inkludert røkt laks, brunost eller kjøttboller.
4. Lefse er en viktig del av norsk kultur og matarv.

Text Twenty Nine

Read the following Norwegian comprehension text carefully.

Then answer the questions using the information provided in the text.

Try to answer in full sentences and pay attention to your spelling and grammar.

Once you have answered all the questions, check your answers with the suggested answers.

<u>Henrik Ibsen - en norsk forfatter</u>

Henrik Ibsen var en norsk dramatiker og forfatter som er kjent for sine skuespill som har blitt spilt over hele verden. Ibsen ble født i Skien i 1828 og vokste opp i et velstående familie. Han begynte sin karriere som forfatter på 1850-tallet, og hans første verk var et skuespill som het "Catilina". Ibsens mest kjente verk inkluderer "Et dukkehjem", "Peer Gynt" og "En folkefiende". Disse skuespillene tar opp viktige temaer som kvinnerettigheter, nasjonal identitet og samfunnskritikk. Ibsen regnes som en av de største dramatikerne i moderne tid.

Questions

1. Hvem var Henrik Ibsen?
2. Hvor ble Henrik Ibsen født?
3. Hva var Ibsens første verk?
4. Nevn noen av Ibsens mest kjente verk.

Answers

1. Henrik Ibsen var en norsk dramatiker og forfatter.
2. Henrik Ibsen ble født i Skien.
3. Ibsens første verk var et skuespill som het "Catilina".
4. Noen av Ibsens mest kjente verk inkluderer "Et dukkehjem", "Peer Gynt"
    og "En folkefiende".

Text Thirty

———

Read the following Norwegian comprehension text carefully.

Then answer the questions using the information provided in the text.

Try to answer in full sentences and pay attention to your spelling and grammar.

Once you have answered all the questions, check your answers with the suggested answers.

<u>Nisser - tradisjonelle skapninger i norsk folklore</u>

Nisser er små skapninger som har en lang historie i norsk folklore og kultur. De beskrives ofte som små, skjeggete menn med røde luer og klær. Ifølge legenden bor de i bondegårder og skoger, og de kan hjelpe eller skade mennesker, avhengig av hvordan de blir behandlet.

Nisser er spesielt kjent for å være knyttet til juletiden, der de kan hjelpe til med gårdsarbeid og juleforberedelser hvis de blir behandlet godt. De kan også utføre spøk og rampestreker hvis de blir fornærmet eller ignorert.

Questions

1. Hva slags klær har nisser?
2. Hva kan nisser gjøre for mennesker?
3. Når er nisser spesielt kjent for å dukke opp?

Answers

1. Nisser har røde luer og klær.
2. Nisser kan hjelpe eller skade mennesker, avhengig av hvordan de blir behandlet.
3. Nisser er spesielt knyttet til juletiden.

9 798223 368656